DONNER SANS BLESSER

DU MÊME AUTEUR

Les quatre dimensions de l'inceste, L'Harmattan, Paris, 2000.

Autorité et dialogue, Le Laurier, Paris, 2002.

Vincent Laupies

Donner sans blesser

*Approche psychologique
de la générosité et du pardon*

Éditions de l'Emmanuel

© Éditions de l'Emmanuel, 2004
26, rue de l'Abbé-Grégoire, 75006 Paris

ISBN 2-915313-03-2

Introduction

La générosité et le pardon sont les expressions les plus élevées de l'amour.

Elles traduisent la richesse et la beauté du don.

Le don est au cœur du mystère de l'homme et au cœur du message évangélique.

Il apparaît comme l'origine de l'être humain. Personne, en effet, ne s'est créé soi-même. Chacun doit recevoir la vie qui l'anime et se recevoir soi-même. Le don indique également le sens de notre vie. Dans la Révélation, Dieu nous montre que sa vie intime est un don mutuel. L'homme, créé à l'image et à la ressemblance de Dieu, est appelé à être, lui aussi, un être de communion et de don.

Le don touche les réalités les plus fondamentales et ultimes. La réussite humaine et spirituelle de notre vie dépend de la qualité de notre rapport au don.

Cependant, le don est une réalité très fragile. Il peut être facilement dénaturé, voire perverti. Étant donné sa place centrale, il suffit qu'il soit légèrement faussé pour que les conséquences soient très importantes. Le don a été dénoncé par certains auteurs comme favorisant l'orgueil et finalement l'exploitation humaine. Il a été évincé de la conceptualisation des rapports sociaux. La logique contractuelle a tenté de s'imposer. Nous pouvons avoir nous-mêmes l'expérience de dons ou de pardons qui ont des effets néfastes et non vivifiants.

Face à cette complexité et à ces risques, la solution n'est pas de rejeter le don. Cela impliquerait de rejeter l'amour et conduirait à la mort psychique et spirituelle.

Une réflexion de fond sur le don est nécessaire pour dégager sa vérité et prévenir ses perversions.

Le texte que nous proposons apporte une contribution à ce travail.

1
La générosité

La générosité, consiste à « donner plus qu'on n'est tenu de le faire ».

Donner ce que l'on est tenu de donner correspond à la vertu de justice. Aller au-delà correspond à la charité.

Cette distinction est claire. Cependant, elle soulève des questions complexes. Y a-t-il « don » lorsque cela correspond à une obligation ? Jusqu'où aller quand on va au-delà de ce qui est requis par la justice ? Finalement, qu'est-ce que le don ? Quelles en sont les caractéristiques et les conditions ? Comment y parvient-on ?

Voyons quelques éléments de réponse issus de l'expérience des relations humaines.

> Élisabeth a une fille anorexique. Elle consacre des heures à écouter sa fille, sur simple demande de celle-ci, de nuit comme de jour.

> Roxane est une jeune mère. Son enfant a deux mois. Elle pense que l'enfant d'une bonne mère ne pleure pas. Aussi passe-t-elle ses journées à le garder dans ses bras pour qu'il reste silencieux.

> Adrien et Josette ont quarante ans. Ils ont trois enfants et consacrent la majeure partie de leur temps

libre à s'occuper de personnes en difficultés psycho-sociales.

Toutes ces personnes donnent beaucoup. Elles offrent leur temps, leur présence, leurs compétences sans attendre de retour. Ces dons ont des effets positifs, mais également négatifs.

> Plus Élisabeth consacre de temps à sa fille anorexique, plus elle s'épuise et se dévalorise. Sa fille n'est jamais satisfaite, jamais « rassasiée ». La relation se rigidifie autour de rituels de plus en plus codifiés.
>
> Roxane, quant à elle, « ne vit plus », tant elle est accaparée par son jeune enfant.
>
> Adrien et Josette, de leur côté, n'ont « jamais de temps pour eux ». Leur disponibilité pour leurs enfants est réduite. L'aîné commence à présenter des troubles psychologiques, comme pour rencontrer ses parents sur le terrain qui leur est familier, celui de l'aide à la personne en difficulté.

Ces dons sont marqués par la contrainte. Le donateur (celui qui donne) se sent obligé de donner, par culpabilité, par peur, par pitié, par désir de se valoriser... Il souhaite obtenir un effet précis sur le donataire (celui qui reçoit le don), notamment combler son manque. Les échanges sont régis par des règles rigides et univoques.

Plus les donateurs donnent, plus ils s'épuisent. Ils semblent ne rien recevoir de constructif en retour, même de manière indirecte.

La rancœur et la violence ne sont pas loin. Elles s'expriment, *a minima*, par des réflexions blessantes ou par des plaintes.

Le sentiment de culpabilité est souvent à l'œuvre,

notamment l'impression de ne pas donner suffisamment.

La honte de ne pas être à la hauteur est également présente. Elle peut s'associer à une révolte inavouée face à l'injustice de devoir donner autant.

La partie se joue à huis clos et à deux, entre le donateur et le donataire.

Un type de don radicalement différent existe dans les relations familiales et sociales. Trois exemples vont l'éclairer.

> Marianne, lors d'une séance de thérapie avec sa famille, ose, avec beaucoup de bienveillance, faire une blague qui change l'atmosphère et permet à ses parents d'être réunis dans le rire et à sa petite sœur de sécher ses larmes.
>
> Robert et Jocelyne sont de jeunes grands-parents. Leur petite fille va avoir un an. Ils prévoient de retrouver leur fils et sa femme, à leur demande, pour fêter cet événement. La date coïncide avec une réunion importante de l'association qu'ils dirigent. Portés par leur joie de fêter leur petite fille, ils annulent leur participation à cette réunion, malgré les mécontentements que cela occasionne.
>
> Roger a pris sa mère âgée à son domicile. Il a choisi de le faire, après mûre réflexion sur ses possibilités personnelles. Il se réserve du temps pour des loisirs. Il s'autorise à dire à sa mère ce qui peut être difficile dans leur relation. Sa mère est reconnaissante envers lui. Elle reste ouverte à la possibilité d'aller en maison de retraite si Roger a du mal à s'occuper d'elle. Leur relation est marquée par une certaine liberté et par l'humour.

Dans ces trois cas, nous sommes dans l'univers de la souplesse, de la fécondité et du mouvement. Il y a peu de contrainte. Nous ne sommes pas dans un huis clos, mais dans l'ouverture à la créativité et à l'imprévu. Les dons vivifient ceux qui les reçoivent ainsi que ceux qui les réalisent.

Nous pouvons appeler le premier type de don « don fermé » et le second « don ouvert ».

La générosité peut prendre deux visages radicalement différents selon qu'elle consiste à offrir des dons ouverts ou des dons fermés.

Nous allons approfondir ce qui caractérise le don ouvert et la façon d'y parvenir pour mieux comprendre comment prévenir le don fermé.

Caractéristiques et conditions du don ouvert.

Le don est ouvert selon cinq directions.

Le donateur s'ouvre, d'abord, « en amont » de lui-même aux dons qui lui sont donnés. Il ne se met pas à la place de la source des dons. Marianne donne à partir de son sens de l'humour. Robert et Jocelyne donnent à partir de leur joie d'être grands-parents. Roger donne à partir de son amour pour sa mère. Aucun ne donne à partir de ses propres forces, au nom d'une décision volontariste.

Le donateur s'ouvre, également, à lui-même. Marianne, Robert et Jocelyne ainsi que Roger donnent en tenant compte de leur propre personne. Le don n'entraîne pas de dommage pour le donateur, mais, au contraire, est constructif pour celui-ci.

En troisième lieu, le donateur s'ouvre aux besoins réels de l'autre. Il ne donne pas par obligation personnelle, pour soulager sa culpabilité, pour renforcer l'estime de lui-même ou pour d'autres nécessités psychiques contraignantes. Il donne à partir d'une prise en compte des besoins de l'autre. La blague de Marianne « tombe juste » quant aux besoins des autres membres de la famille à ce moment-là. Robert et Jocelyne perçoivent que leur présence est plus importante auprès de leurs enfants que de leurs amis. Robert a évalué ce qui serait le mieux pour sa mère.

En quatrième lieu, le donateur ne donne pas pour obtenir un effet précis sur le donataire. *Il y a une ouverture aux effets possibles du don*, à sa fécondité propre. Le donateur est détaché des effets de son don. Marianne ne sait pas exactement ce que sa blague va provoquer. Robert et Jocelyne ne prévoient pas les fruits de leur journée avec leurs enfants. Roger n'anticipe pas dans le détail ce que sa mère va retirer de la vie avec lui.

Enfin, le donateur n'attend pas de don particulier en retour (contre-don). *Il est ouvert à recevoir un contre-don, comme à n'en pas recevoir.* S'il ne reçoit pas de contre-don, il ne se sent pas lésé. S'il en reçoit un, il l'accepte volontiers. L'acceptation du contre-don est une garantie fondamentale contre la perversion du don. Pour que le don soit complet et créateur de liens, le donateur doit permettre à son donataire de devenir à son tour donateur. La qualité du don est garantie par la « parité », c'est-à-dire par la possibilité réelle pour le donataire de rendre d'une manière ou d'une autre[1]. Sans cela, le donataire devient

---

1. Alain CAILLÉ, *Don, intérêt et désintéressement*, La Découverte/M.A.U.S.S, 1994, p. 38.

dépendant du donateur à cause de la dette insolvable qui est ainsi créée.

Ces ouvertures permettent la fécondité du don. Elles ont la saveur de la simplicité.

Elles manifestent la réalité profonde du don qui consiste à exprimer la vie qui est en nous. Le don n'est pas un simple transfert de bien d'une personne à une autre. Il est un contact avec la vie qui jaillit en nous, une ouverture à l'autre, un détachement de l'objet donné, un désir que l'autre s'ouvre à son tour à la vie. Le don nous révèle à nous-mêmes. Nous trouvons notre bonheur dans le fait de nous inscrire dans le « mouvement du don ». Il s'agit d'être ouvert à ce que nous recevons à chaque instant : l'existence, le temps, les rencontres, la parole qui naît au fond de nous-mêmes ou dans la bouche d'un ami. À partir de là, nous pouvons accompagner ce mouvement de la vie et le transmettre à d'autres par des dons, même très simples. À notre tour, nous aidons les autres à s'ouvrir à la vie.

*

L'ouverture du don repose sur des conditions précises. Le don ouvert est le fruit de la différenciation et de la priorité du recevoir sur le donner.

La différenciation.

Il ne peut y avoir relation que s'il y a distinction entre les partenaires de la relation. Chacun doit accomplir un travail pour acquérir la capacité d'être séparé de l'autre tout en maintenant un lien avec lui. Ce travail s'appelle la différenciation. Il comporte plusieurs dimensions. Il s'agit de ne pas se confondre avec l'autre (« différenciation du moi »), de ne pas lier son estime de soi aux valorisations données par l'autre (« différenciation narcissique »), de ne pas confondre ses émotions avec celles de l'autre (« différenciation émotionnelle »). Il s'agit, également, de ne pas confondre sa vie avec celle organisée par sa famille d'origine (« différenciation familiale »).

Une personne bien différenciée dépend peu des autres pour son intégrité psychique, son estime d'elle-même, ses émotions et ses choix de vie. Elle peut prononcer une parole vraie, expression d'elle-même et message pour l'autre.

Priorité du recevoir sur le donner.

Être en relation signifie se « référer à ». Ce serait une erreur de penser qu'il s'agit d'abord de se référer à l'autre. Pour entrer en relation sans se perdre dans l'autre, il faut commencer par se référer à soi-même. Il s'agit de « se recueillir », d'être à l'écoute de ce qui se passe en soi, d'être présent à soi-même.

Le psychisme est « pure capacité d'accueil[2] ». L'être humain a beaucoup de ressources, mais elles sont destinées à l'aider à recevoir et à transformer ce que l'existence lui apporte. Ce qu'il a en propre, c'est simplement sa capacité d'accueillir et la liberté de l'exercer.

Cela a deux conséquences majeures.

En premier lieu, l'être humain ne peut donner qu'à partir de ce qu'il reçoit. Par exemple, quelqu'un de doué pour la musique a une capacité d'accueil de la technique et des émotions musicales. Il pourra donner (des

---

2. Jean-Claude SAGNE, *La Loi du don. Les figures de l'Alliance*, PUL, 1998.

concerts, par exemple) non pas à partir de lui-même, mais à partir de ce qu'il a reçu et intégré : la technique enseignée par un maître et les émotions formées en lui dans l'interaction avec la vie. L'être humain ne peut pas créer *ex nihilo* ce qu'il va donner. Il ne peut que s'ouvrir à ce qui lui est donné, le recueillir et le transmettre en partie, avec sa marque spécifique. Le temps illustre cela profondément. Lorsqu'une personne donne, son don se déroule dans le temps. Or, le donateur ne crée pas ce temps. Il doit le recevoir pour être en mesure de donner.

En second lieu, l'être humain ne peut pas tout donner. Même dans la relation avec l'être aimé on ne peut pas « se » donner au sens où « se » engloberait toute la personne du donateur. Celui-ci doit conserver sa capacité de recevoir, c'est-à-dire le fond de son être même, sinon il cesse d'exister. Sinon, le don devient anéantissement.

Entrer en relation avec l'autre suppose donc de se référer préalablement à soi et à la vie elle-même.

Lorsque le donateur donne dans le mouvement du don qu'il a lui-même reçu, il ne se croit pas autosuffisant. Il est prêt à accepter un don en retour de la part du donataire.

La différenciation et la primauté du recevoir sur le donner supposent un tiers.

La différenciation apparaît dans la reconnaissance que l'autre n'est pas moi car il a un univers différent de moi. Il y a moi, l'autre et un troisième pôle qui attire l'autre. Ce tiers me sépare de l'autre et institue la différence.

De même, je ne peux donner à un donataire que si je reçois moi-même d'une source de dons. Nous sommes toujours trois : « celui » dont je reçois (la vie, l'expérience...) – en définitive Dieu –, moi-même et celui à qui je donne.

Le travail du don.

L'intégration de tous ces aspects s'acquiert au cours d'un long processus que l'on peut appeler le « travail du don[3] *».* Le travail du don comprend le travail de différenciation et le travail d'intégration de la primauté du recevoir sur le donner.

Travail de différenciation.

Le nouveau-né ne fait pas la différence entre lui-même et sa mère. Il doit faire l'expérience, progressivement, que sa mère est autre que lui. Il imaginait qu'elle faisait partie de lui car elle répondait à tous ses besoins. Il se rend compte qu'elle peut être absente. Il différencie progressivement son moi de celui de sa mère. Il met en place des enveloppes pour délimiter et protéger son moi nouvellement constitué. Lorsque ce processus échoue, l'enfant garde des angoisses très profondes et développe une problématique psychotique.

Au-delà de cette phase primitive de différenciation, l'enfant établit un espace transitionnel[4] entre sa mère et lui. Une zone se crée dans laquelle sa mère est présente sans être totalement disponible ; elle est là sans être totalement là. L'enfant investit un objet, dit « transitionnel », qui représente la mère et lui permet de sup-

---

3. Jean-Claude SAGNE, *ibid.*
4. Donald W. WINNICOTT, *Jeu et réalité*, Gallimard, 1975, rééd. 2002.

porter son absence. Dans cet univers, le jeu apparaît. Une réalité peut être une chose tout en ne l'étant pas. L'enfant qui joue à la dînette est vraiment en train de faire la cuisine tout en sachant qu'il ne fait pas la cuisine « pour de vrai ». Lorsque ce processus est incomplet, l'accès à la symbolisation est difficile. *A minima*, la personne devenue adulte a du mal à nuancer. Elle prend les choses au pied de la lettre et de manière univoque. Cet avatar de la différenciation se traduit dans le domaine du don par une réponse inconditionnée à la souffrance supposée de l'autre. Roxane, avec son bébé de deux mois, interprète chaque pleur comme l'expression d'un malaise auquel elle doit donner un soulagement immédiat. Elle ne peut concevoir que, même s'il s'agit d'un malaise, l'enfant peut le supporter et en bénéficier. Chaque réalité est conçue comme univoque.

Le psychisme du petit enfant en cours de différenciation est organisé en « ça, soi, idéal du soi ». Ces deux dernières instances sont des précurseurs du moi et du surmoi. Elles s'en distinguent, notamment, par une dépendance envers l'autre.

Le soi[5] est avide des apports extérieurs, mais n'a pas la capacité d'intégrer ces apports. Il est incapable de vivre une relation et d'explorer le vécu relationnel.

L'idéal du soi n'est que l'imitation de l'idéal affirmé par l'autre.

Le soi est rivé à l'idéal du soi.

Progressivement, le petit enfant constitue l'estime de lui-même en incorporant la sécurité et la force communiquées par ses parents. Lorsqu'il peut trouver en lui-

---

5. Heinz KOHUT, *Le soi : la psychanalyse des transferts narcissiques*, PUF, 1974, rééd. 1991.

même une assurance suffisante, son soi se transforme en moi, capable de relation à partir d'une distance bien ajustée. Il peut renoncer à l'idéal du soi et être guidé par son surmoi.

Lorsque cette étape se réalise mal, la personne demeure collée aux autres, en attente de leur soutien et de leur valorisation. Les valeurs de l'autre représentent un idéal vers lequel tendre pour devenir digne d'exister. Dans le registre du don, ces personnes sont prêtes à tout donner pour tendre vers l'idéal du soi et être valorisées. Seul compte cet enjeu, car en dehors de cette réassurance précaire la personne se sent vide et sans aucune valeur. La différence par rapport à l'autre est interprétée comme le signe de l'indignité personnelle. La différence des sexes est vécue comme menaçante. Elle est mise de côté.

Face à cette détresse, la personne peut développer, au contraire, l'illusion d'être le centre du monde, de s'être créée elle-même, de n'avoir besoin de personne et d'être au-dessus des autres. Dans le registre du don, cette personne refuse de recevoir. Elle a plutôt tendance à prendre. Elle est peu encline au don.

Dans la suite du développement, l'enfant traverse la phase œdipienne, dans laquelle il renonce au projet de former un couple avec le parent de sexe opposé. Cela l'ouvre à autrui et lui enseigne à accepter sa non-toute-puissance. De cette période, il peut garder un sentiment de culpabilité latent. Ce sentiment peut amener le sujet à se croire responsable de ce dont souffre l'autre. Dans le domaine du don, cela l'entraîne à donner à l'autre sans limites, comme pour le réparer du dommage qu'il pense lui avoir causé.

Au-delà de ce travail de différenciation personnelle, il faut encore réaliser un travail de différenciation familiale[6].

La famille peut lier un de ses membres par un secret, une mission ou un rôle.

Elle peut également conditionner fortement le rapport au don.

Si une personne n'a pas reçu ce à quoi elle avait droit de la part de sa famille, elle peut avoir tendance à demander réparation auprès d'autres personnes, sous forme d'une grande avidité affective et matérielle.

Si une personne n'a jamais reçu de reconnaissance pour tout ce qu'elle a donné aux membres de sa famille, elle risque de développer un grand doute sur la qualité de ce qu'elle a donné et sur sa propre valeur. Elle peut prendre l'habitude de donner généreusement à qui veut bien accepter sa sollicitude en espérant, enfin, avoir un retour positif.

Une réflexion approfondie sur sa place et sur son rapport au don dans sa famille d'origine permet de se libérer en partie de ces liens.

Le travail de différenciation – qui est travail d'humanisation – s'accomplit au cours de l'enfance, de l'adolescence et du jeune âge adulte, mais il doit être approfondi tout au long de la vie. Il s'agit de repérer, à tout moment de notre existence, ce qui est de l'ordre de l'indifférenciation, dans ses différentes dimensions.

L'« outil » de cette vigilance est l'écoute de soi-même. Il convient de développer une perception fine de ce qui se passe en soi et des racines, parfois inconscientes, de certains choix.

---

6. Murray BOWEN, *La différenciation du soi*, ESF, 1988, rééd. 1998.

Grâce à l'écoute de soi, il est possible d'être attentif à ce qui nous « mélange » aux autres. On peut retenir, notamment, les tendances à développer des relations fusionnelles, adhérer au désir de l'autre, se conformer à un idéal pour en être valorisé, séduire pour obtenir des approbations, percevoir (ou imaginer) les souffrances de l'autre et se sacrifier pour y répondre, se faire plaindre, se rendre indispensable à l'autre...

L'écoute fine de soi-même permet, également, de mettre en évidence l'orgueil inconscient attaché à certaines de ces tendances. L'orgueil se manifeste, par exemple, à travers les fantasmes de donner la vie à l'autre, de construire l'autre, de se produire soi-même ou d'annexer l'autre à soi.

L'écoute de nos tendances indifférenciatrices et le renoncement à celles-ci permettent de développer, simultanément, l'écoute de nos émotions, de nos pensées et de notre désir le plus profond. Elle est déjà une manière de vivre la primauté du recevoir sur le donner et prépare à la vivre dans d'autres dimensions.

Travail d'intégration de la primauté du recevoir sur le donner.

Le point de départ du don ouvert est de recevoir. Le donateur ne donne pas à partir de lui-même, mais à partir de ce qu'il reçoit. Or, l'être humain a bien plus peur du don reçu que du don donné. Recevoir suppose de dépasser les racines de cette peur.

La première consiste à reconnaître son manque. Pour parvenir à la surmonter suffisamment, il est nécessaire d'avoir une estime de soi suffisante.

La deuxième racine de la peur du don reçu est la reconnaissance de l'existence, en dehors de soi, d'une source de dons pour soi. Il faut renoncer à se prendre pour son propre donateur et à se croire autosuffisant. Recevoir implique un premier mouvement de différenciation : je ne suis pas le donateur, en particulier je ne suis pas le donateur qui m'a donné la vie, je ne suis pas mon origine. N'étant pas mon origine, je suis constamment en lien avec « un autre » qui m'a fait être (et me fait être présentement). Je ne suis donc jamais « seul ». Je suis constamment « référé » à un autre que moi.

Cette conscience peut s'accompagner de la peur envers ce donateur mystérieux dont nous sommes radicalement dépendants.

Recevoir implique de renoncer à contrôler la relation. Donner est compatible avec une certaine maîtrise. Le donateur peut définir ce qu'il veut donner, à qui et pour quelles raisons. Celui qui reçoit, inversement, ne définit rien. Ceci constitue une composante importante de la peur du don reçu. Son dépassement demande un long travail de confiance en soi et en l'autre.

Une troisième racine de la peur peut être celle-ci : le don reçu détruit l'illusion de pouvoir combler l'autre. Si je ne suis pas mon origine, je ne peux pas, non plus, être l'origine de l'autre. Si je ne suis pas l'origine de l'autre, je ne peux pas, non plus, être sa fin. Je ne suis pas responsable de l'autre dans ce qu'il y a de plus fondamental pour lui : son origine et sa fin. Je suis, tout au plus, responsable de l'aider à s'ouvrir à son origine et à sa fin[7]. Et cela, non à partir de moi-même, mais à partir de ce que je reçois. En définitive, ma responsabilité porte sur l'accueil de ce qui m'est donné à chaque instant.

---

7. Cf. notamment Daniel SIBONY, *Don de soi ou partage de soi ?*, Odile Jacob, 2000.

Le travail d'intégration de la primauté du recevoir sur le donner passe par la lente acceptation de la modestie de la condition humaine.

Donner en faisant abstraction du travail du don conduit au don fermé.

Le don fermé apparaît quand le don est réalisé sans travail du don. La personne donne par décision, sans être engagée dans une véritable différenciation et en présupposant que le donner est prioritaire par rapport au recevoir. Cela amplifie l'indifférenciation et coupe la personne d'elle-même.

Le donateur se confond avec l'autre. Il donne à partir de lui-même pour répondre à ce qu'il imagine être les besoins de l'autre. Élisabeth, par exemple, se laisse envahir par sa fille anorexique. Elle ne fait plus qu'un avec elle. Les besoins et les souffrances de sa fille deviennent les siens. Elle se sent « convoquée » par la souffrance de sa fille. Le simple constat de l'angoisse de l'autre ou de sa détresse est compris comme une injonction à y porter remède.

Dans cette indifférenciation, la personne se coupe d'elle-même pour adhérer à l'autre. Elle n'écoute plus ce qui se passe en elle-même. À l'extrême elle peut se convaincre qu'elle ne ressent pas ce qu'elle ressent. La colère, la joie, par exemple, ne sont plus ressenties, si elles ne sont pas en accord avec les attentes de l'entourage. Il peut en être de même pour les perceptions élémentaires de chaud, froid, faim... ainsi que pour les opinions.

La perception de ses propres besoins et de sa finitude

est particulièrement occultée. Elle croit pouvoir répondre positivement à l'injonction imaginaire de combler l'autre.

La personne ne voit pas l'autre tel qu'il est, mais tel qu'il apparaît ou tel qu'elle l'imagine. Elle ne se voit pas elle-même telle qu'elle est, mais se dédouble et agit à partir du personnage généreux qu'elle a construit.

On arrive, à l'extrême, à une relation faussée, voire pervertie, où plus rien n'est vrai. Le donateur A n'est plus en contact avec lui-même. Il crée, inconsciemment, un autre lui-même « généreux », que l'on peut appeler A'. Celui-ci entre en relation, non pas avec le donataire réel B, mais avec l'image B' qu'il en a construite.

Celui qui donne n'est pas vraiment lui-même et il donne à « quelqu'un » qui n'est pas vraiment l'autre, mais qu'il a imaginé.

Nous pouvons illustrer cela de la manière suivante :

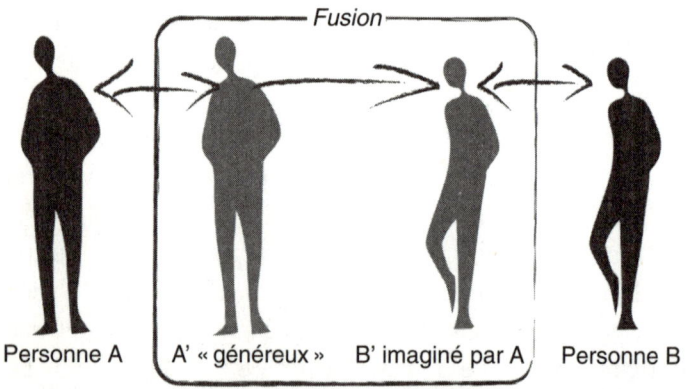

*Mécanisme du don fermé :
Indifférenciation par rapport à l'autre
et coupure avec soi-même*

Les fantasmes de donner la vie à l'autre, de construire l'autre et de se produire soi-même ne sont pas élaborés mais agis. Les problématiques qui les sous-tendent (honte, culpabilité, identification à la souffrance de l'autre, recherche de reconnaissance...) ne sont pas non plus mises en mots. La personne demeure dans un monde imaginaire.

Implications relationnelles du don fermé.

Le don fermé ne correspond pas à une pathologie mentale. Il constitue une modalité fréquente de relation aux autres. Il peut exister sous des formes manifestes, faciles à repérer mais aussi sous des formes très subtiles.

Sur le plan social, il peut favoriser certaines formes d'adaptation grâce à l'adhésion aux désirs des autres. À terme, c'est au détriment de la personne.

Dans ce contexte, les relations de couple peuvent être de deux types, en fonction de l'attitude du partenaire.

Dans le premier cas, le partenaire peut être indifférent à ce qu'offre le donateur ainsi qu'à la place que celui-ci veut lui assigner. Il ne tient pas compte des efforts et des sacrifices du donateur.

> Roselyne, par exemple, est très amoureuse d'Alfred, son mari. Elle le trouve réservé et s'imagine qu'il a besoin d'être aidé. Elle déploie des trésors d'imagination pour le « deviner » et répondre à ses besoins et désirs supposés. Alfred, de son côté, est très occupé par son travail et se montre peu sentimental. Il ne réagit pas aux prévenances de Roselyne. Celle-ci se sent incomprise et parfois humiliée. Elle en conclut qu'elle ne doit pas « se donner » suffisamment et redouble d'efforts. Ceci ne change rien à l'attitude d'Alfred. Celui-ci, inter-

rogé par un ami commun, explique ne pas ressentir de malaise personnel. Il se plaint du caractère envahissant, selon lui, de sa femme.

Plus Roselyne « donne », plus elle est déçue, car l'Alfred réel ne peut accueillir ce qui est destiné à son double imaginaire. De plus, il s'agit d'une histoire sans parole, autre signe d'indifférenciation. Roselyne reste dans son imaginaire. Elle ne confronte pas ses hypothèses à la réalité en en discutant avec Alfred.

Dans le second cas, le donataire exploite la générosité du donateur. Il confirme au donateur qu'il a un besoin vital de lui. Il indique par de nombreux signes que le sacrifice du donateur est exigé dans cette relation d'« amour ». Cela peut prendre des formes extrêmes et, pourtant, quotidiennes.

Adélaïde a une santé fragile et est sujette à de fréquentes dépressions. Elle épouse Bernard, homme généreux et sensible. Il déborde d'attentions envers elle. Adélaïde se montre peu reconnaissante, mais en même temps très demandeuse d'aide et de présence. Elle ne travaille pas, ne s'occupe pas des tâches ménagères, ne fait pas la cuisine. Progressivement, Adélaïde impose à Bernard des exigences de plus en plus élevées. Par exemple, elle ne supporte pas le changement et demande qu'aucun objet ne soit déplacé et que rien ne modifie le rythme quotidien. Bernard consacre sa vie à prendre soin de son épouse, au détriment de son propre épanouissement. Il est loué par l'entourage pour cette attitude héroïque. Au bout de longues années de sacrifices, la situation est inchangée, mais Bernard présente une grave dépression, caractérisée par un grand épuisement et de l'irritabilité. Il prend conscience qu'il ne sait plus ce qu'il veut ni ce qu'il aime. Cet état n'est pas uniquement lié à la dépression. La dépression ne fait que dévoiler le fait que Bernard est dépossédé de lui-même.

Le don fermé, contrefaçon du don ouvert.

Le don fermé consiste à ne pas prendre en compte la nécessité du travail de différenciation et d'intégration du primat du recevoir. Il vise à adhérer à un idéal (prendre en charge l'autre, résoudre des problèmes sociaux...) coûte que coûte, indépendamment des possibilités réelles du donateur. Celui-ci présente tôt ou tard des problèmes de santé physique et mentale. Ces problèmes sont rarement reliés par l'intéressé à son hyper-générosité.

Le don fermé est marqué par le non-respect du temps. Il se déroule toujours dans une certaine urgence.

Il est caractérisé, également, par une certaine artificialité. Il répond à la logique du devoir et de l'adhésion à des attentes extérieures.

Enfin, il est porteur d'une sorte de valorisation du « quantitatif ». Plus il y a de « don », mieux c'est.

À partir de ces caractéristiques, le don fermé reprend et pervertit les termes et valeurs du don ouvert.

Le don fermé est parfois baptisé « sacrifice ». Il peut être loué pour ce qu'il évoque d'héroïsme et de courage, alors même qu'il déshumanise en empêchant le travail du don et, en définitive, le don lui-même.

Dans le travail du don, la notion de sacrifice n'est pas absente. Elle correspond au renoncement à tout ce qui empêche d'accueillir le don et à tout ce qui favorise l'indifférenciation. Dans ce sens-là, le sacrifice dégage le sujet de ce qui entrave sa liberté (orgueil, avidité, mensonge...). La personne devient davantage elle-même. Le don fermé pervertit ces réalités en les « absolutisant ». Dans son optique, il s'agit de renoncer à soi-même. « Soi » étant entendu, non pas comme le porteur des compromis inconscients et des mécanismes de défense, mais comme le « je », c'est-à-dire le sujet lui-même. Autrement dit, le don fermé pousse à donner ce que l'on ne doit pas donner : son identité la plus profonde, sa capacité de recevoir, sa liberté. Dépasser cette limite a des conséquences destructrices.

Le don fermé est comme une image en négatif du don ouvert.

Pour l'émergence du don ouvert, la personne renonce à chercher le plaisir pour le plaisir. Cependant, elle reste ouverte à celui-ci lorsqu'il se présente. Dans le don fermé, elle renonce à tout plaisir.

Dans le don ouvert, la personne est prête à souffrir s'il le faut. Dans le don fermé, plus elle souffre, plus elle pense être dans la bonne voie.

Le travail du don s'appuie sur la parole vraie. La parole exprime le sujet lui-même et le définit en le séparant de l'autre. Elle le met en relation authentique avec l'autre. Elle institue la différenciation et le donner-recevoir. Inversement, le don fermé est souvent une « histoire sans parole », envahie par les actes. Lorsque la parole existe, elle est souvent la parole d'un autre, notamment la parole exigeante d'une personne idéalisée par le donateur.

Le travail du don invite à être attentif à ce qui se passe en soi, à écouter ce qui parle en soi (désirs, pensées, émotions...). Il permet de repérer nos tendances à l'indifférenciation et d'y renoncer. Cette écoute personnelle est ouverture à soi-même. Elle est fondamentale pour avancer vers l'ouverture authentique à l'autre. Inversement, dans l'univers du don fermé, l'écoute est attaquée. Elle est confondue avec la complaisance envers soi-même et méprisée à ce titre. Certains messages comme « ne pas s'écouter » ou « s'oublier soi-même » sont pris au pied de la lettre et deviennent les guides de l'action.

Le don ouvert se réalise dans le « mouvement du désir », au sens d'élan vers l'infini. Le don fermé conduit à la destruction psychique et relationnelle au lieu de conduire à l'épanouissement personnel et mutuel.

Le don ouvert développe la singularité de chacun. Le don fermé conduit à l'uniformisation.

Le travail du don suppose une coupure : la coupure différenciatrice entre soi et l'autre. Le don fermé entraîne, lui aussi, une coupure, mais à l'intérieur même du donateur, entre la partie qui « s'oublie » pour donner sans compter et la partie authentique qui reste dans l'ombre. Le don ouvert construit l'unité intérieure du donateur. Le don fermé dédouble le donateur.

Don et foi chrétienne.

Le don est au cœur de la foi chrétienne. Il peut arriver, malheureusement, que celle-ci soit vécue de telle manière qu'elle renforce le don fermé. Elle est alors conçue comme un ensemble de préceptes et de critères à appliquer à toute personne. Elle est réduite à des règles. Les comportements sont valorisés au détriment de la prise en compte de ce que vit profondément la personne. Le regard est porté, implicitement, sur les apparences, sur l'« image ». La personne met entre parenthèses son évolution propre. À l'extrême, au lieu de vivre en relation avec elle-même et avec Dieu, elle vit en relation avec des critères. La devise générale pourrait être : « Pour être bon, cesse d'être toi-même. »

Dans cette optique, ce qui est valorisé est l'action caritative dans une logique quantitative. Une action (faire l'aumône, prêcher la Parole, rendre un service...) est censée entraîner un effet positif précis, de manière linéaire et proportionnelle. Deux fois plus de la même action est, alors, censé produire deux fois plus d'effets positifs. La personne zélée est encouragée à multiplier ses actes pour multiplier la quantité d'effets bons. Dans le même temps, elle se ferme à ce qui se passe en elle. Elle se centre sur les désirs et les besoins des autres. La personne peut ressentir de la souffrance liée à cette coupure par rapport à elle-même. Cependant, elle est souvent dans une telle confusion qu'elle ne peut en prendre acte. Ceci peut être renforcé par des messages du type : « L'amour est lié au sacrifice ; il est normal qu'aimer fasse souffrir... » Le discernement entre souffrance liée à des renoncements conscients et souffrance liée à la destruction de soi ne peut pas se faire.

Ces dérives sont liées à une perte de contact avec la réalité et la complexité de l'être humain. La Bible, au contraire, est à l'écoute de ce qu'est l'homme profondément. Elle recueille toute une sagesse sur les réalités fondamentales. Concernant le don, elle ne cesse de mettre l'accent sur les conditions du don ouvert : différenciation et primat du recevoir.

La Bible est traversée par des invitations à la différenciation. Le péché originel est une tentative de se confondre avec Dieu. Comme conséquence, Adam et Ève sont séparés de Dieu, comme pour signifier l'impossibilité de la fusion. La tour de Babel est une entreprise de « massification » des individus. Elle est détruite, notamment, pour cette raison. Le Christ annonce lui-même être venu « séparer l'homme de son père, la fille de sa mère, [...] » (Mt 10, 35). Ceci avec le « glaive » (Mt 10, 34) de la Parole de Dieu (Ep 6, 17)[8].

La primauté du recevoir sur le donner caractérise profondément l'anthropologie biblique et la spiritualité chrétienne. « Dieu nous a aimés le premier », dit saint Jean (1 Jn 4, 19). L'homme est créé par Dieu. Il reçoit de Lui « la vie, le mouvement et l'être » (Ac 17, 28). Après le péché originel, l'homme est racheté par Dieu. Il reçoit le don de la filiation divine, s'il consent à l'accueillir : « Tous ceux qui se laissent conduire par l'Esprit de Dieu, ceux-là sont fils de Dieu » (Rm 8, 14).

L'agir de l'homme « commence » par Dieu : « Sans moi vous ne pouvez rien faire » (Jn 15, 5). Tout don a comme arrière-fond cette phrase : « Qu'as-tu que tu n'aies reçu ? » (1 Co 4, 7). Toute réalisation s'appuie sur cette réalité : « Si le Seigneur ne bâtit la maison, en vain travaillent les maçons » (Ps 126).

Il apparaît même que la capacité de recevoir est un don de Dieu : « Un homme ne peut rien recevoir si cela ne lui a été donné du Ciel » (Jn, 3, 27).

Le message évangélique incite à donner, mais toujours comme la conséquence d'une ouverture à Dieu. Le don peut être, également, le moyen de cette ouverture, mais seulement dans la mesure où il apprend à recevoir préalablement. La foi chrétienne invite à être davantage dans le registre de l'« agir » que dans celui du « faire »[9]. Elle est, en elle-même et fondamentalement, orientée vers le travail du don.

---

8. Sur ce thème de la différenciation au centre du message biblique, cf. Marie BALMARY, *Le sacrifice interdit. Freud et la Bible*, Grasset, 1986, rééd. LGF, 2001.

9. Cf. Dictionnaire grec-français BAILLY, p. 1580 et 1617 ;

La foi chrétienne s'enracine dans le commandement préalable à tous les autres : « Écoute, Israël » (Dt 5, 1). L'écoute de la Parole de Dieu et de la parole qui naît au fond de soi-même oriente vers la vérité. La vérité sur Dieu et sur soi-même rend libre. Elle permet d'agir en adéquation avec le degré de maturation personnelle et de poser de réels actes vertueux.

La générosité consiste à s'engager avec courage dans le travail du don. Elle se traduit dans le jaillissement de dons ouverts, pouvant aller jusqu'au pardon.

ARISTOTE, *Éthique à Nicomaque*, liv. VI, chap. II. La langue grecque distingue deux types d'actions selon la fin :
– les actes appartenant au registre de la « *poïesis* » ont leur finalité en dehors du sujet. Ils visent à la réalisation d'objets ou de situations. Ils sont orientés vers l'efficacité. Ils sont de l'ordre du « faire ». Nous les appellerions pragmatiques ;
– les actes appartenant au registre de la « *praxis* » se terminent par l'ennoblissement du sujet lui-même. Leur finalité est interne au sujet. Ils sont de l'ordre de l'agir ou de la « pratique » au sens philosophique du terme. En perfectionnant l'agent à l'intérieur même de son acte, ils suscitent la fécondité.

2

Le pardon

Le pardon est l'acte d'amour par excellence. Il recrée l'alliance. Là où il y avait la rupture, il restaure les liens. Là où il y avait de la rancœur, voire de la haine ou du désir de vengeance, il installe la simplicité, la liberté et la bienveillance.

L'homme est un être de relation. Il se développe et s'épanouit dans le lien aux autres, dès sa venue au monde. Si les relations sont parasitées par la haine, des processus mortifères se développent. Le pardon transforme ces relations nocives en relations vivifiantes.

Le pardon est source de renaissance. D'une certaine manière, il est l'image du don originaire qui nous a fait être. « Le pardon est la redécouverte que la vie se donne quoi que nous ayons fait, que nous ne manipulons pas la vie. Le pardon occupe la place du signifiant de l'origine [10]. »

Le pardon est le don parfait. Il constitue la fine pointe de la générosité. Il est au sommet des relations humaines et, en même temps, à leur base puisqu'il les

---

[10]. Denis VASSE, séminaire « Vengeance et pardon », Lyon, 5-8 mai 2000.

vivifie constamment. Il est la clé de voûte de l'amour. Il est simple et solide. Mais il est également complexe et fragile. Il touche les questions les plus fondamentales : le don, la parole, le désir, l'amour et, fondamentalement, la vie. Par là même, il risque d'être mal compris, voire dénaturé ou perverti.

Il y a quelque chose de très profond en chaque être humain qui lutte contre le don en le niant dans son existence même, en le dénaturant ou en refusant de l'accueillir. Il en est de même pour le pardon. Cette tendance est tellement forte qu'elle peut réapparaître à tout moment et sous des formulations nouvelles et apparemment respectueuses du don. La seule manière de faire face à cela est de repérer si le discours en question ouvre à la vie ou s'il produit la rigidité, l'activisme, l'appauvrissement et la tristesse. Une vigilance constante est nécessaire. Elle est basée sur l'observation sans concession des fruits du discours et sur l'exigence de préciser « de quoi l'on parle ». Une définition claire des termes et de leur articulation est nécessaire pour échapper à la perversion de la parole. Sans cela, le discours devient une succession de mots chargés d'implicites dont les évidences tacites se renforcent les unes les autres. Le discours tourne tout seul, au service d'un corpus d'idées devenu idéologie.

Nous allons tenter de préciser certaines notions et de rendre explicites certaines conséquences. Nous ne prétendons pas être immunisé contre le risque de pervertir le don et le pardon (ce serait déjà entrer dans une forme de perversion). Nous allons simplement nous efforcer de questionner les concepts et d'être à l'écoute des effets qu'ils produisent selon la manière dont ils sont mis en œuvre.

Définition du pardon.

Le pardon peut se définir comme *l'acte par lequel la personne agressée propose la reprise de la relation et son renouvellement à la personne qui l'a agressée et qui le demande.*

Examinons ces différents aspects. Pour cela, nous utiliserons les termes d'agression, agresseur, victime, dommages, réparation et punition. Ces mots facilitent la clarté de l'analyse. Ils ne préjugent en rien de la gravité de l'acte commis. Ils décrivent une structure valable pour toutes les situations où la question du pardon se pose.

Le pardon est un acte. Il relève d'un choix personnel. Pour être vraiment libre, il doit impliquer toutes les dimensions de la personne : non seulement son intelligence et sa volonté, mais aussi sa vie émotionnelle. Le pardon est à la fois une décision qui peut être prise rapidement et le fruit d'un processus cognitif et affectif qui peut demander du temps. Je décrirai les étapes de ce processus ultérieurement, ainsi que la façon d'articuler ces deux rapports contradictoires au temps.

Le pardon propose la reprise de la relation et son renouvellement. Le pardon vise spécifiquement la réconciliation. S'il y avait rupture, il est le don de la présence offerte à nouveau. Dans tous les cas, il comprend une redéfinition de la relation. La relation ne peut reprendre ou se poursuivre comme si rien ne s'était passé. Le pardon comprend le don de la parole. Chacun peut exprimer ses souhaits envers l'autre. Les échanges se trouvent enrichis et clarifiés.

Le pardon est proposé par la personne agressée à celle qui l'a agressée et qui le demande. Pour parler de pardon au sens plénier du terme, il faut qu'il y ait une demande explicite de la part de l'agresseur. Le pardon est un don. Il ne peut y avoir de don sans donataire, c'est-à-dire sans sujet pour recevoir le don.

Il est important de distinguer la préparation du pardon et le pardon effectif. Pour pardonner, la personne agressée doit en prendre la décision et s'inscrire dans un processus d'ouverture psychologique et affectif. Ceci constitue ce que l'on peut appeler le « travail du pardon ». Le travail du pardon a des effets très constructifs sur l'agressé. Il constitue même un élément capital de sa guérison après l'agression subie, ainsi que de sa croissance personnelle. Cependant, le travail du pardon n'est pas le pardon. Celui-ci ne peut se réaliser que comme réponse à la demande authentique de l'agresseur. Le pardon implique un dialogue.

Ce que le pardon n'est pas.

Pour préciser davantage ce qu'est le pardon et pour le distinguer de ce qu'il n'est pas, il est nécessaire d'analyser les conséquences de l'agression d'une personne sur une autre.

L'acte agressif a deux conséquences que l'on peut appeler respectivement *la faute* et *l'offense* :
– *la faute correspond à la transgression*, au fait de manquer à ce que l'on doit (de « faillir »). L'agresseur transgresse le principe de respect de l'autre ;
– *l'offense correspond aux dommages causés par l'agression.*

On peut distinguer quatre types de dommages :

1) *Les dommages causés à la victime.* L'agression blesse la victime. Elle lui cause un dommage matériel et/ou physique et/ou psychologique. Elle atteint également l'image que la victime avait de la personne agressante. Si la victime avait des liens proches et positifs avec celle-ci, elle doit faire face à la déception, voire à l'irruption de la monstruosité, là où semblaient exister la confiance et la connaissance mutuelles ;

2) *Les dommages sociaux.* Si des personnes ont été témoins de la scène, elles peuvent en souffrir. Si la victime est en arrêt de travail ou en difficulté pour s'occuper de sa famille, d'autres personnes sont affectées par l'agression ;

3) *Les dommages causés à l'agresseur.* L'agression blesse l'agresseur lui-même. Elle lui donne une image dégradée de lui-même. Elle l'habitue à répéter ce type d'actes ;

4) *Les dommages causés à la relation.* L'agression blesse la relation entre les deux personnes, pouvant aller jusqu'à la rupture.

Le traitement de chacune de ces conséquences est spécifique.

À la faute répond la punition. La justice institutionnelle se charge particulièrement de cet aspect.

Aux offenses répondent les réparations. Pour chaque type d'offense, il y a un type de réparation.

Les dommages de la *victime* appellent des soins et/ou un dédommagement matériel.

Le dommage *social* est souvent difficile à compenser. Il peut l'être par des indemnités sociales, des soins aux témoins de l'agression, etc.

Les dommages de l'*agresseur* nécessitent un travail sur lui-même pour qu'il retrouve sa dignité.

Les dommages causés à la *relation* relèvent du pardon.

On peut résumer ces différentes distinctions par le schéma suivant :

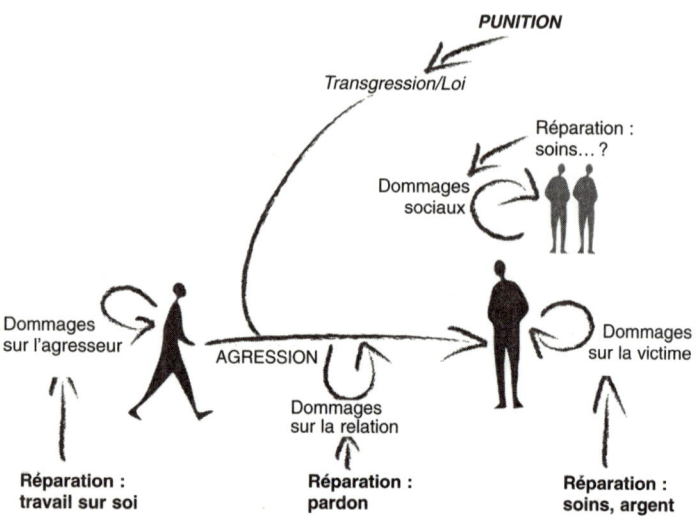

Les impacts de l'agression : faute et offenses

Il apparaît très clairement que le pardon n'a qu'une cible directe : réparer la relation en produisant la réconciliation. Nous verrons que sa fécondité va au-delà. Cependant, pour éviter les confusions, il est nécessaire de s'en tenir à cette définition. Ceci permet de différencier le pardon d'autres aspects.

Le pardon ne consiste pas à nier l'agression ou à l'oublier. – Pour pardonner, il faut prendre en compte la réalité de ce qui s'est produit. Le pardon, comme le don, est intimement lié à la vérité. Le pardon libère uniquement dans la mesure où il passe par la vérité. Il doit partir du constat précis de la transgression. Le pardon ne consiste pas à disculper.

Le pardon ne consiste pas à renoncer à la punition. – Le traitement de la faute relève du rappel de la loi, de la mise en évidence de la transgression et de la punition. Cela incombe à la justice. Celui qui pardonne n'est pas à la place du juge. Il n'a pas à usurper cette place. Sa générosité concerne la réparation des dommages causés à la relation et non le traitement de la faute. Il souhaite la réconciliation. Cela est indépendant du travail de la justice sur la faute.

Un parent a deux « casquettes » : celle du représentant de la loi et celle de l'ami. Pour pardonner, en tant qu'ami, il n'est pas obligé de renoncer à punir, en tant que représentant de la loi.

Le pardon ne consiste pas à ignorer les dommages causés par l'agression. – Le pardon doit, également, prendre acte des différents dommages. Il s'agit de réaliser un véritable « bilan des lésions ». Ceci peut susciter davantage de colère et de révolte envers l'agresseur. Ces sentiments doivent être accueillis et progressivement élaborés. Ce n'est pas en empêchant leur émergence que l'on peut avancer sur le chemin de la réconciliation. Nous avons vu que le don lié au mensonge constitue le don fermé. Il en est de même pour le pardon. Si l'on ne tient pas compte de la réalité dans toutes ses dimensions, on ne peut s'ouvrir au don véritable. On s'enferme dans des actes forcés et artificiels.

Le pardon ne dispense pas celui qui pardonne de prendre les moyens pour réparer les dommages qu'il a subis. Il doit se soigner si nécessaire. Il peut aussi accepter un dédommagement financier le cas échéant. Cela ne fait pas obstacle à la réconciliation, bien au contraire. De même, toutes les autres mesures de réparation doivent être prises.

Le pardon ne consiste pas à excuser. – Pour être à nouveau en lien avec la personne qui l'a agressée, la victime peut avoir tendance à occulter l'acte et ses conséquences par la considération des raisons qui ont pu pousser l'agresseur à agir ainsi. Le fait qu'il ait beaucoup souffert dans son enfance, qu'il ait lui-même subi ce qu'il a commis, que ce jour-là était très difficile pour lui, etc. prend le pas sur la prise en compte des dommages qu'il a causés.

Ce court-circuit de la réalité peut être motivé par une intolérance aux conflits chez la personne agressée. Elle est prête à tout pour éviter le moindre désaccord, la moindre dissension dans la relation.

Nous verrons que le travail du pardon s'appuie sur la compréhension de l'agresseur. Cependant, la compréhension ne doit pas être confondue avec l'excuse. La compréhension consiste à trouver du sens à l'acte posé par la personne, en fonction de son histoire, du contexte, etc. Elle ne consiste pas à diminuer la gravité de l'acte sous prétexte qu'il y a des raisons à cet acte. Les deux notions de motifs de l'acte et de gravité de l'acte sont sur des plans différents. On ne peut atténuer celle-ci par la considération de ceux-là. Les dommages liés à l'agression sont des aspects factuels qui ne peuvent être que constatés. La compréhension ne trouve sa juste place qu'après une première phase d'« accusation » où les faits sont pris en compte et rapportés à leur auteur.

Toutes ces contrefaçons du pardon ont en commun le non-respect du temps. Elles constituent des tentatives de régler le problème de l'agression le plus rapidement possible.

Le pardon est de l'ordre de la vérité, du don et de la parole. Autant de réalités simples mais auxquelles on n'accède que par un chemin qui est un véritable travail. La fécondité du pardon vient de la réalisation patiente de ce travail.

Le travail du pardon.

Le travail du pardon a la même structure quelle que soit la gravité de l'agression. Il vise à préparer la personne à la réconciliation.

Le travail du pardon se traduit en travail pour donner le pardon chez la victime et en travail pour demander pardon chez l'agresseur.

Le travail du pardon chez la personne agressée :

- *Reconnaître l'agression et ses conséquences ; sortir de la confusion.*

L'agression entraîne souvent la confusion émotionnelle et cognitive chez la victime. Celle-ci est surprise par ce qui est arrivé. Elle peut être envahie par la douleur. Elle peut également se sentir coupable d'avoir déclenché la violence de son agresseur. Elle peut encore se reprocher d'avoir blessé son agresseur en dénonçant ce qu'il a fait. Parallèlement, la colère et la révolte peuvent l'habiter. Peu de temps après l'agression, elle peut se sentir « obligée » de pardonner, si elle est prise dans une culture qui l'y incite ou si elle est culpabilisée ou intolérante aux conflits.

Le pardon ne peut émerger qu'en réintroduisant le temps et la parole (au moins intérieure), et, avec eux, l'altérité. La personne agressée doit prendre conscience qu'elle a été blessée et que sa relation à l'auteur de cette blessure s'en trouve affectée. Cela passe par une prise de recul par rapport à l'image qu'elle a de cette personne. Elle doit également être à l'écoute des émotions suscitées en elle par l'acte de l'autre. À partir de là, elle pourra nommer les différentes dimensions de l'agression et clarifier sa position. Voici deux exemples de gravité différente.

> Aurélie est mariée à Franck depuis peu. Ils s'entendent bien. Tous les deux sont biologistes. Dans une soirée chez des amis, Aurélie explique un point concernant son métier. Franck propose gentiment de compléter ce qu'elle vient de dire. Après cette intervention, Aurélie perçoit un malaise au fond d'elle-même. Plus tard, dans la soirée, elle comprend que celui-ci est composé de colère inavouée, de déception, de désir de faire mal à Franck, de culpabilité face à tous ces sentiments et de peur que cela ne signifie un affaiblissement de leur amour. En continuant à réfléchir, elle se rend compte que Franck en « complétant » son intervention a connoté celle-ci comme insuffisante, voire erronée. Franck a disqualifié gentiment, mais radicalement, Aurélie. Aurélie arrive maintenant à distinguer cet acte, ses conséquences sur elle-même et sur sa relation à Franck. Elle est sortie de la confusion et va pouvoir en parler à Franck.

> Adélaïde a 10 ans. Elle est très liée à son grand-père qui l'accueille régulièrement en vacances et lui apporte beaucoup de choses. Un jour, dans la maison de vacances, son grand-père a des gestes indélicats de nature sexuelle envers elle. Adélaïde est envahie par des sentiments contradictoires : la peur, la surprise, l'incompréhension, le plaisir, l'impression de transgression en

même temps que l'obéissance à son grand-père. Sa confusion est très grande. Elle ne sait plus quoi penser. Comment son grand-père si respectable a-t-il pu agir ainsi ? A-t-il eu raison ? Est-ce Adélaïde qui a « rendu fou » son grand-père ? Est-ce de sa faute ? Que faire et que penser de ces émotions fortes et inattendues ?

Adélaïde peut parler de ce qui est arrivé à sa mère. Celle-ci l'écoute attentivement, lui explique la gravité de ce qui s'est passé et lui dit que la responsabilité incombe entièrement à son grand-père. Cette clarification est le point de départ d'un long chemin thérapeutique dont le terme pourra être le pardon.

- *Vivre au-delà des conséquences de l'agression.*

Après cette phase de clarification et de « bilan des lésions », le chemin du pardon passe par le choix de vivre au-delà de l'agression. Ceci peut représenter un long travail.

La victime peut avoir besoin de soins précis. Le chemin du pardon implique de recevoir ces soins. Le refus de les mettre en œuvre équivaudrait à arrêter la vie au moment de l'agression.

La victime a, également, droit à une réparation matérielle et morale. Plusieurs recherches de réparation conduisent à des impasses.

La victime peut avoir tendance à « demeurer une victime ». Cela devient son mode d'être. Elle revendique divers privilèges au nom de ce qu'elle a vécu. Elle utilise fréquemment la plainte pour envahir l'espace de l'autre et obtenir de l'attention. Sa vie semble figée à son agression.

Une autre impasse consiste dans le projet de revanche. La victime raisonne en terme de « somme nulle ». Elle a subi un dommage ; pour l'annuler, il faut que celui qui l'a infligé en ait un équivalent. Derrière cela se profile la jouissance orgueilleuse de se réparer soi-même. Il y a également l'idée de reprendre à l'autre ce qu'il a volé. Il s'agit d'une « chosification » de la relation et de ses avatars. La logique quantitative infiltre le désir de revanche.

Enfin, l'impasse la plus terrible est celle de la vengeance. La vengeance va plus loin que la revanche. Elle vise la personne même de l'agresseur et son rapport à la vie. Elle veut blesser cette personne pour que sa vie soit à tout jamais marquée par cet acte de vengeance. Elle veut inscrire le mal de façon indélébile. Comme dans l'installation dans la position de victime, il y a le souhait que la vie ne continue pas au-delà de l'agression. Le souhait que désormais tout soit marqué par le signe de cette violence. La vie est atteinte dans sa possibilité de renouvellement, de surprise, d'ouverture constante. La vengeance est le sommet des processus mortifères.

La seule vraie réparation consiste à s'ouvrir à la vie au-delà des conséquences de l'agression. Ce qui est réparateur, c'est d'accueillir le don de chaque instant et de s'inscrire dans ce mouvement en donnant soi-même à son tour.

Cette démarche se retrouve, avec une dimension plus impressionnante, chez des personnes gravement atteintes dans leur être par la faute des autres. Tel est le cas d'Adélaïde dans l'exemple précédent. Tel est, également, le cas de ces personnes mutilées par la guerre ou les tortures et qui vivent pleinement toute la richesse de la vie familiale, professionnelle et amicale compatible avec leur handicap.

Ces personnes ont retrouvé leur unité intérieure.

Elles ont une certaine paix. On ne peut pardonner que lorsque ces conditions sont remplies.

• *Comprendre l'agresseur.*

Un autre aspect du travail du pardon consiste à entrer dans une certaine compréhension de l'agresseur. Cette étape ne doit pas être la première car, dans ce cas, elle empêche la prise en compte de l'agression et de ses différentes dimensions. En effet, elle introduit une proximité morale avec l'agresseur qui rend très difficile la prise de recul nécessaire à la clarification.

Comprendre l'agresseur consiste à réfléchir aux travers de sa personnalité et à les mettre en relation avec son histoire. Ce faisant, il apparaît davantage humain et proche.
Ceci rend également possible la prise en compte de ses qualités, occultées par son acte agressif.
Dans cette perspective, il peut devenir possible à la victime de se mettre à la place de celui qui l'a agressée, voire de considérer qu'elle aurait pu faire de même si elle avait vécu les mêmes circonstances. La compréhension tisse un lien d'humanité partagée. Elle est déjà une préfiguration de la réconciliation.
La compréhension permet d'être ouvert à un éventuel changement de la personne qui a agressé. Cette espérance est fondamentale pour la reprise de la relation. Elle libère des rigidités et des prophéties pessimistes.

• *Désirer la réconciliation.*

Le pardon ne peut exister que s'il y a désir de réconciliation.

Ce désir suppose d'envisager une relation adaptée aux circonstances. La réconciliation ne signifie pas un « retour à la relation antérieure ». Ceci n'est ni possible ni souhaitable. Elle ne signifie pas, non plus, une relation idéale. La réconciliation signifie la reprise d'un lien. Ce lien est à définir selon les relations initiales des deux partenaires et selon les possibilités réelles de reprise de relation. Dans certains cas, il peut s'agir d'une relation fraternelle plénière ou d'une relation d'amitié profonde. Dans le cas de deux personnes se connaissant peu initialement, il peut s'agir d'une simple ouverture à une relation le cas échéant. D'autres fois, lorsqu'un des partenaires s'avère toxique pour l'autre, il sera préférable que la relation soit restreinte. Ceci se voit, de façon non exceptionnelle, entre les membres d'un couple divorcé ou entre un parent ayant une personnalité pathologique et son enfant.

Le travail du pardon relève d'une décision quant au fait de se décider à le mettre en œuvre. Par ailleurs, il relève d'un processus dans son essence même. Il faut du temps pour franchir les étapes de chacune des différentes dimensions. Il s'agit d'un réel processus cognitif et affectif.

Le travail du pardon suppose une intégration en profondeur du primat du recevoir sur le donner. Le pardon est un don, celui du renouvellement de la relation. Cependant, il n'est possible qu'à celui qui a accueilli la sortie de la confusion, la compréhension de l'agresseur, le désir de réconciliation et fondamentalement le désir de vivre au-delà des conséquences de l'agression. Ce dernier point est le plus déterminant et c'est en lui que se manifeste le plus le primat du recevoir. La personne qui va pardonner peut le faire car elle vit au-delà de l'agression. Et cela relève purement de sa capacité d'accueillir les dons du quotidien.

La personne qui dit : « Oui, je te pardonne » à celui qui le lui demande ne peut le faire que dans la mesure où elle est vraiment ouverte à la vie, au-delà de l'événement de l'agression et de ses conséquences. Le pardon qu'elle donne reflète le don de la vie qu'elle accueille. Elle est devenue capable de souhaiter que son agresseur s'inscrive, lui aussi, dans ce mouvement du don et de la vie.

Terminons ces considérations sur le travail du pardon chez la personne agressée par deux remarques.

La première pour indiquer que ce travail ne concerne que les situations où la personne a réellement subi un préjudice. Nous excluons de ces notions ce que l'on appelle parfois le « pardon à Dieu ». La personne s'est sentie blessée par Dieu. Ce vécu est lié à sa représentation préalable de Dieu et à ses attentes imaginaires. Le problème se pose entre la personne et elle-même et non dans une relation interpersonnelle avec Dieu. De plus, Dieu ne lui demande pas pardon. Cette personne doit faire un travail pour surmonter ce sentiment de préjudice de la part de Dieu. Cependant, ce travail porte sur l'imaginaire personnel et non sur la réalité interpersonnelle objective. Il s'agit d'un travail psychique général et non d'un travail de pardon.

Le « pardon à soi-même » pose également un problème. Il peut être compris comme un pardon mais seulement dans une acception métaphorique. En effet, ce concept se base sur l'idée d'une division intérieure. Une partie de la personne a fait du tort à l'autre. On peut imaginer que la partie qui a fait du tort devrait demander pardon et la partie lésée devrait pardonner. Le but est de restaurer l'unité personnelle. Ceci évoque la honte ressentie après une action perçue comme mauvaise. La personne doit, effectivement, réaliser un travail intérieur pour dépasser cette blessure de l'amour d'elle-même. Cependant, il ne s'agit pas, au sens strict, d'un travail de pardon. Il s'agit d'un travail de restauration de l'estime personnelle.

Nous conclurons sur une remarque concernant l'obligation évangélique de pardonner (« jusqu'à soixante-dix fois sept fois[11] »). Ce commandement peut être compris comme une incitation à donner rapidement le pardon, sans tenir compte de ses différentes composantes. Cela conduirait à réduire le pardon à un acte formel.

En réalité, le commandement de pardonner à l'infini est une invitation à s'engager dans le travail du pardon en puisant à la source infinie du don. Le pardon apparaît comme le fruit d'une ouverture personnelle à la vie et à Dieu. Le commandement demande d'accepter cette ouverture, mais il respecte le temps nécessaire à sa réalisation effective.

Le travail du pardon chez la personne ayant agressé : le travail de la demande de pardon.

Le travail du pardon chez l'agresseur comprend la reconnaissance de la faute et de l'offense, l'acceptation d'être aimé et le désir de réconciliation.

---

11. Mt 18, 21-22.

• *Reconnaître la faute et l'offense.*

Demander pardon nécessite la reconnaissance de la transgression. La personne qui a commis l'agression doit entrer dans un processus d'acceptation de la loi et de sa signification. Ceci peut être simple si la personne est bien structurée psychiquement et a renoncé suffisamment à sa toute-puissance. Dans le cas inverse, ce processus peut être long et incertain.

Au-delà de la reconnaissance de la faute, l'agresseur doit également reconnaître les dommages causés par son agression. Lui aussi, d'une certaine manière, doit faire le « bilan des lésions ».

Cette démarche nécessite une certaine capacité de se mettre à la place de l'autre. Pour cela, il doit commencer par changer l'image qu'il s'est faite de la personne qu'il a agressée. Il a peut-être agi dans la colère et la haine. La personne réelle avait disparu derrière l'image construite par ces sentiments négatifs. Pour accéder à la prise en compte des dommages causés, il faut une certaine compassion. Celle-ci ne peut émerger qu'après la dissipation de cette représentation hostile. L'agresseur a un travail à faire pour voir la personne qu'il a agressée dans sa réalité et dans sa souffrance.

Ce travail n'est possible que si l'agresseur a une estime de lui-même suffisante. Dans le cas inverse, il ne pourra supporter le constat de ce qu'il a infligé à l'autre qui apparaît maintenant, non plus comme un ennemi, mais comme un humain proche de lui. La culpabilité ou la honte peuvent être tellement importantes que l'agresseur préfère, inconsciemment, garder sa représentation négative de l'agressé afin de faire taire ces sentiments envahissants.

Il ne pourra dépasser cela que progressivement, en s'appuyant sur ce qui lui reste d'estime de lui-même et sur des regards extérieurs bienveillants. Ceci peut demander un long chemin.

Enfin, l'authentique reconnaissance des dommages se traduit par le désir de les réparer. Se pose alors la question inquiétante de l'évaluation de ces dommages : Sont-ils possibles à quantifier ? Qui va le faire ? Qui va prescrire la réparation ? Les incertitudes liées à ces questions peuvent gêner l'agresseur dans sa démarche auprès de la victime.

La prise en compte de l'autre caractérise le véritable repentir, nécessaire à la véracité de la demande de pardon. Inversement, la personne peut reconnaître qu'il y a eu transgression et en être affectée uniquement par rapport à elle-même. Elle peut se sentir humiliée, être gênée par le trouble de sa conscience ou l'aspect redondant de ses pensées. Elle est aux prises avec l'humiliation, le remords ou les scrupules. Ces « gênes internes » ne peuvent constituer des bases valables pour la demande de pardon. Si une demande de pardon est formulée dans ces conditions, elle constitue une nouvelle exploitation de la victime. Il s'agit d'utiliser celle-ci pour obtenir un soulagement personnel à travers le pardon.

• *S'engager à ne pas renouveler l'agression.*

La demande de pardon ne peut être authentique que si la personne s'engage à ne pas recommencer et prend des moyens pour cela.

> Jacqueline est épuisée. Elle a du mal à faire face à son travail professionnel et à son travail de mère de famille. Georges son mari lui manifeste son amour par des

cadeaux, mais ne l'aide jamais matériellement. Jacqueline lui a expliqué ses attentes et son désir d'être secondée dans les tâches ménagères. Le jour de son anniversaire, Georges lui offre un magnifique cadeau, mais ne s'occupe pas du repas et lui laisse, comme à son habitude, toute la charge de sa maison. Jacqueline reçoit avec peu de gratitude son cadeau. Elle est en colère devant l'absence d'écoute, de compréhension et d'aide de son mari. Sa colère est particulièrement vive en ce jour de son anniversaire. Georges lui demande de lui pardonner ses négligences. Jacqueline refuse car elle est convaincue que Georges demande cela dans l'urgence de la situation présente, mais qu'il ne changera pas. Elle le lui explique. Georges en convient. Il retire sa demande de pardon et décide de la renouveler quand il commencera à changer son comportement.

Cette condition est capitale dans toutes les problématiques inscrites dans la durée. L'alcoolisme d'un conjoint, par exemple, peut facilement amener une perversion du pardon s'il n'y a pas de moyens sérieux mis en place pour obtenir l'abstinence.

• *Accepter d'être aimé.*

Demander pardon implique une véritable « conversion » personnelle. Il s'agit de sortir de la logique de « prendre » pour entrer dans celle de « recevoir ».

Ce qui constitue l'agression, quelle qu'elle soit, est de vouloir s'approprier l'autre ou une partie de lui. Il s'agit d'utiliser l'autre au lieu de le respecter et de le laisser être pleinement ce qu'il est. L'agresseur utilise les autres à ses fins. Il « prend » chez l'autre ce dont il pense avoir besoin au lieu de recevoir ce que la vie lui donne. Par peur de la dépendance et de l'imprévu, il se ferme aux dons du quotidien et des rencontres. Il préfère utiliser les autres et obtenir du plaisir, un soulagement de sa colère et de sa violence, une gratification matérielle ou morale, plutôt que de ne rien maîtriser. Ce faisant, il s'exclut de la dynamique du don. Il risque de s'enfermer dans la logique suivante : préférer ce qui vient de lui, fût-ce le malheur, à ce qui vient des autres, fût-ce le bonheur.

Demander pardon suppose un changement radical dans le rapport personnel à la vie. Il s'agit de renoncer à se faire vivre soi-même pour entrer dans l'accueil des dons. En demandant pardon, l'agresseur reconnaît qu'il a besoin du don pour vivre. Il reconnaît également que ce don n'est pas le résultat de son mérite, mais qu'il lui est donné gratuitement. Il est prêt enfin à faire l'expérience de la dépendance envers l'autre et de l'aspect vivifiant de la relation. En bref, il doit consentir à se laisser aimer.

Ceci implique le dépassement du sentiment d'indignité. À la base de la logique du « prendre », il y a habituellement une angoisse massive de vide personnel et d'indignité. Accepter de demander pardon suppose de dépasser la peur du don reçu, enracinée dans les failles profondes de l'estime de soi. C'est sans doute le travail le plus difficile pour tout être humain.

Pour parvenir à ce changement radical, l'agresseur a besoin de temps. Lui seul peut savoir quand il est prêt à demander le pardon.

• *Désirer la réconciliation.*

Il n'est pas possible de demander pardon en souhaitant demeurer dans la rupture. Or, ceci peut être très angoissant : comment reprendre une relation avec celui que j'ai blessé ? Ne va-t-il pas m'en vouloir à jamais ou me mettre dans une position de débiteur insolvable ? Souhaiter la réconciliation implique une certaine confiance dans l'agressé. Celle-ci ne peut se mettre en place que progressivement.

Il est intéressant, et même touchant, de constater un certain parallélisme entre le travail du pardon chez le futur « pardonneur » et chez le futur pardonné. Chacun doit réaliser une prise en compte précise de la faute et de l'offense puis accepter de s'ouvrir aux dons reçus, les dons du quotidien chez la victime afin de vivre au-delà de l'agression, et le don du pardon chez l'agresseur. *Nous retrouvons les deux aspects fondamentaux du travail du don : la différenciation (ici réalisée dans la clarification des différentes dimensions de l'agression) et l'acceptation du primat du recevoir sur le donner.*

À partir de ce travail du pardon, le pardon effectif peut avoir lieu.

Le pardon effectif : la rencontre.

Le pardon donné explicitement s'inscrit dans une rencontre et un dialogue. La personne qui a agressé vient demander à celle qu'elle a agressée de lui donner son pardon. Il s'agit d'un moment que l'on pourrait qualifier de « sacré ». Il est, en quelque sorte, « mis à part » des relations banales et régies par l'habitude ou la nécessité. Il touche les questions fondamentales, ou même « la » question fondamentale du don et de l'amour.

Il requiert les conditions d'une vraie parole et d'une

vraie écoute : du calme, de l'attention mutuelle, une sorte de suspension du temps.

Il est marqué par l'attente et le respect. Quelle va être la réponse ? Oui ? Non ? Plus tard ? Quelle que soit cette réponse, elle doit être accueillie, sans commentaire. Nous sommes dans l'ordre du don et non dans celui du dû.

Si la personne qui a été agressée peut répondre, en vérité et humblement : « Oui, je te pardonne », la fécondité du don se manifeste dès cet instant par la joie intérieure, prémices des fruits à venir.

La fécondité du pardon.

Il n'est pas possible de décrire la fécondité du pardon. Cela signifierait vouloir maîtriser le don. On peut simplement faire quelques considérations.

Le pardon, lorsqu'il est compris dans sa profondeur et son exigence, amène chacun à développer sa différenciation et sa capacité d'ouverture au don. Ces deux aspects orientent vers l'amour et la liberté. Ils permettent de transcender les effets mortifères de la rancune, de la vengeance et des scrupules et des remords. Ils remplacent le repli sur soi, l'immobilisme et l'attachement malsain à l'autre par l'amour vrai et l'ouverture à la vie.

Le pardon, en tant qu'ouverture au don qui nous précède, manifeste la condition filiale de chacun. Il est présence au don fondateur duquel chacun se reçoit.

Le pardon est le dépassement d'une éthique purement humaine. Il ouvre à l'espérance. Il indique la profusion du don originaire. Il refuse les impasses. Les capacités d'aimer de chacun et les relations peuvent toujours renaître.

Le pardon manifeste que l'amour, la vie et la liberté peuvent surpasser la haine, la mort et l'aliénation, malgré (ou grâce à) leur faiblesse apparente.

Le pardon montre la grandeur des choses minimes : même le plus petit pardon contribue à faire progresser l'amour.

Le pardon simplifie la vie. Il supprime les rancœurs, les désirs de vengeance, les remords, les regrets. Il rend ainsi disponible pour vivre simplement la richesse de chaque instant.

Pour que le pardon atteigne sa fécondité propre, il faut qu'il soit vraiment lui-même. Tel est l'enjeu de la pédagogie du pardon.

Apprendre à pardonner.

Le pardon est une réalité essentielle. Il est légitime de vouloir la transmettre et de préparer les enfants à la vivre. Cependant, cela soulève de nombreuses questions. Nous allons partir d'un exemple concret.

> Alain a 9 ans. Il frappe son petit frère Jonathan, âgé de 7 ans. Celui-ci pleure. Leur mère, Agnès, intervient. Elle sépare les deux enfants, puis intime l'ordre à Alain de demander pardon à son frère. Alain est furieux. Il hurle dans sa chambre. Après un temps long, il revient et dit à son frère, sur le ton de la colère et l'air résigné : « Je te demande pardon. » Jonathan ne sait que répondre.

Dans cet exemple, le pardon semble être vécu comme le seul traitement possible de l'agression. Il fait figure de « réflexe » qui intervient automatiquement après toute agression ou conflit.

Or, parmi les conséquences d'une agression, le pardon ne vise spécifiquement que la restauration de la relation. Cette conséquence de l'agression ne concerne pas directement les parents. Lorsqu'ils interviennent directement à ce niveau-là, comme dans l'exemple ci-dessus, ils deviennent, malgré eux, intrusifs, voire paradoxaux.

En incitant Alain à demander pardon, Agnès « rentre à l'intérieur de lui ». Elle lui demande implicitement de désirer la réconciliation. Or, s'agissant d'un désir, cela ne peut être prescrit. Ce désir peut émerger si la personne le souhaite et après s'y être préparée par un travail intérieur. Le temps nécessaire à ce travail ne peut, lui non plus, être prescrit.

Agnès est également intrusive envers Jonathan. Elle présuppose qu'il sera d'accord pour donner son pardon à Alain. Elle insinue que, sur son ordre, Jonathan va lui aussi désirer la réconciliation et ne pas tenir rigueur à son frère de ce qu'il lui a fait.

Agnès prétend s'occuper de la relation entre ses deux enfants. En voulant réguler cet univers qui ne la concerne pas directement, elle risque de créer des injustices. Les conflits entre enfants ne sont pas forcément nocifs. Ils peuvent constituer l'apprentissage de la vie collective. Par ailleurs, il est très difficile de savoir, dans un cas comme celui-ci, qui est en tort. Il se peut que Jonathan ait provoqué préalablement son frère, à l'insu de leur mère.

Le traitement d'autres conséquences de l'agression relève directement de la compétence des parents.

Le traitement de la transgression est spécifiquement du ressort des parents. Alain a transgressé la loi qui interdit de frapper. Le parent doit rappeler à l'enfant la loi qu'il a transgressée et, le cas échéant, le punir de façon juste et claire.

Une autre dimension sur laquelle le parent peut agir est celle du repérage des dommages causés à la victime. Le parent peut indiquer sobrement à l'enfant agresseur que son frère a du chagrin et de la douleur à cause de l'agression. Il peut, également, prendre acte de la souffrance de l'enfant agressé, lui dire que cela n'aurait pas dû arriver, puis petit à petit l'amener à s'ouvrir à d'autres choses que sa souffrance et sa colère.

Le parent peut, aussi, aider l'enfant agresseur à réparer certains dommages causés à la victime de son agression. Si Alain avait cassé un jouet de son frère, sa mère aurait pu lui demander de le réparer, de le remplacer ou de donner un peu de son argent de poche.

Apprendre à l'enfant à pardonner ne peut pas se faire directement en lui disant de demander pardon ou de donner son pardon. Dans ce cas, en effet, on est nécessairement intrusif. De plus, on fait fi du travail du pardon. Or, de la même façon que le don sans travail du don conduit au don fermé, le pardon sans travail du pardon conduit au pardon fermé. Il devient une pantomime, une imitation, voire une caricature, comme dans le cas d'Alain et Jonathan. Il peut, alors, être conçu comme une réponse immédiate pour camoufler les conflits.

On ne peut apprendre à pardonner qu'indirectement, en favorisant les différents « ingrédients » du pardon.

Le premier est la clarification des différentes dimensions de l'agression. Lorsque les parents assument le traitement des dimensions qui leur incombent spécifiquement, ils aident l'enfant à se situer. Celui-ci se trouve face à la seule dimension qui reste à traiter : celle de la relation. Elle lui appartient en propre. Sa faute a été nommée et sanctionnée, il y a eu une certaine réparation de la victime. L'enfant est maintenant disponible pour s'occuper de réparer la relation avec celui qu'il a agressé.

Une autre composante fondamentale du pardon est de se laisser aimer, d'accueillir les dons. Le climat familial de bienveillance, d'amour inconditionnel, de respect profond et de tendresse amène l'enfant progressivement à se laisser aimer. De même, une attitude habituelle de gratitude, voire d'émerveillement devant la nature, l'art, les initiatives humaines, etc. aide profondément l'enfant à ouvrir les yeux sur la richesse de la vie. Il pourra ainsi indirectement apprendre à vivre et à être heureux au-delà des agressions qu'il pourra subir.

Un autre aspect consiste à comprendre les autres. Cela aussi peut se développer dans la culture familiale, à travers les rencontres, l'habitude de ne pas critiquer, l'intérêt porté aux autres, etc.

La distinction des différentes dimensions d'une agression, la capacité à s'enrichir de ce qu'apporte la vie ainsi que la capacité à comprendre les autres mettent l'enfant en condition de pardonner authentiquement.

Les parents peuvent compléter cela par un enseignement adapté et profond sur la réalité du pardon.

Dans une perspective chrétienne, il est important d'apprendre aux enfants à demander l'aide de Dieu pour pardonner. En effet, comme nous l'avons vu, le pardon n'est possible qu'en s'ouvrant au don en amont de soi-même. « Tout don excellent, toute donation parfaite vient d'en haut et descend du Père des lumières [12]. » De même, tout pardon vient de Dieu.

Les parents peuvent également aider leurs enfants à pardonner à travers leur exemple.

L'enfant peut être témoin de leur pardon mutuel.

Il peut également recevoir le pardon de ses parents. Cette expérience est fondamentale. Cependant, elle requiert des précautions particulières. Là encore, la demande de pardon risque de devenir le seul traitement de l'injustice.

> Josette a trois enfants. Elle est de santé fragile. Elle est souvent irritable. Il lui arrive de se mettre violemment en colère contre ses enfants. Dans ces cas, elle revient vers eux, une fois que « l'orage est passé » et leur demande pardon. Les enfants n'accordent aucune importance à ces paroles systématiquement répétées.

Face à un acte injuste du parent envers l'enfant, il y a, comme dans le cas de toute agression, différentes dimensions. Le parent peut assainir les conséquences de son acte par différentes interventions complémentaires.

Il peut commencer par reconnaître explicitement sa faute. Il peut dire, par exemple : « Je me suis mis en colère violemment et injustement ; ceci n'aurait pas dû se produire. »

Il peut également s'enquérir des conséquences de cette injustice sur l'enfant. Il peut, par exemple, demander à son conjoint de parler avec l'enfant sur la façon dont il a vécu cet acte injuste.

---

12. Jc 1, 17.

Le pardon est un acte de parole. Il suppose l'écoute et l'attention mutuelles. Il s'inscrit dans un dialogue. La demande de pardon, pour trouver sa force, doit être réalisée dans les conditions adéquates. Elle doit se dérouler dans une réelle relation interpersonnelle où les mots ont du sens. La demande de pardon doit être réservée à un moment privilégié, dans lequel le dialogue est possible. De cette manière, le pardon peut échapper à la banalisation et déployer toute sa fécondité.

Avec tout ceci, l'enfant a tous les éléments pour pardonner. C'est ensuite à lui d'en décider et d'évaluer s'il y est prêt. C'est à ces conditions que ses pardons seront des pardons ouverts sur la vérité de sa décision et de son travail du pardon. En définitive, le pardon est simplement une question d'amour[13].

---

13. « Je n'ai pas eu besoin d'apprendre à pardonner, car le Seigneur m'a appris à aimer. » Saint Josémaria Escriva, dans : Articles du postulateur, n° 615.

Conclusion

L'homme est donné à lui-même. Il reçoit la vie et se reçoit lui-même d'un autre. Sa condition fondamentale est la filiation : venir d'un autre qui est son origine.

Le don qui crée l'homme est une parole, un appel. L'homme, être-de-don, est également être-de-parole.

L'homme est animé (c'est-à-dire rendu vivant !) par le don et la parole.

Cela est vrai à son origine et à chaque instant de son existence. L'homme atteint son unité et sa fécondité en recevant ce qui lui est donné ici et maintenant. Il ne peut donner ni pardonner à partir de lui-même. La générosité et le pardon sont le fruit de l'accueil habituel de la richesse de chaque instant.

Table des matières

INTRODUCTION	7
1. LA GÉNÉROSITÉ	9
Caractéristiques et conditions du don ouvert	12
La différenciation	14
Priorité du recevoir sur le donner	15
Le travail du don	17
Travail de différenciation	17
Travail d'intégration de la primauté du recevoir sur le donner	21
Donner, en faisant abstraction du travail du don, conduit au don fermé	23
Implications relationnelles du don fermé	25
Le don fermé, contrefaçon du don ouvert	27
Don et foi chrétienne	29
2. LE PARDON	33
Définition du pardon	35
Ce que le pardon n'est pas	36
Le travail du pardon	41
Le travail du pardon chez la personne agressée	41
Le travail du pardon chez la personne ayant agressé : le travail de la demande de pardon	48
Le pardon effectif : la rencontre	53
La fécondité du pardon	54
Apprendre à pardonner	55
CONCLUSION	61

Achevé d'imprimer sur rotative
par l'imprimerie Darantiere
à Dijon-Quetigny en
janvier 2004

N° d'impression : 23-1520
Dépôt légal : janvier 2004

Imprimé en France